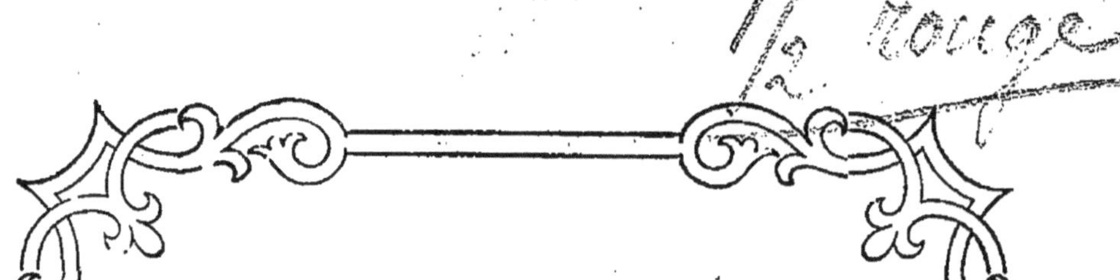

LA

RUINE SOCIALE

RÉPONSE A M. PROUDHON

NI MATÉRIALISME, — NI JÉSUITISME,

PAR

EDMOND DE PRESSENSÉ

PARIS
LIBRAIRIE DE MARC DUCLOUX,
rue Tronchet, 2.

1852.

LA RUINE SOCIALE.

RÉPONSE A M. PROUDHON.

IMPRIMERIE DE MARC DUCLOUX ET COMPAGNIE,
Rue Saint-Benoit, 7.
1852.

LA

RUINE SOCIALE

RÉPONSE A M. PROUDHON

NI MATÉRIALISME, — NI JÉSUITISME

PAR

EDMOND DE PRESSENSÉ.

Sacrilegii maximi instar est, humi quærere quod in sublimi debeas invenire.

Min. Felix Octavius, c. 17.

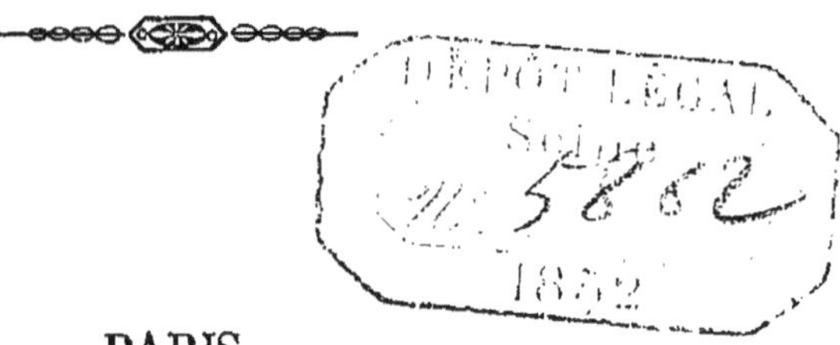

PARIS
LIBRAIRIE DE MARC DUCLOUX,
RUE TRONCHET, 2.

1852.

I.

Un livre vient de paraître qui a eu un retentissement considérable. Il s'en est vendu des milliers d'exemplaires en quelques jours. Ce livre intitulé : *La révolution sociale démontrée par le coup d'état du 2 décembre*, est avant tout une attaque passionnée contre le christianisme, un long cri de colère contre lui. C'est à ce livre que nous répondons dans ces pages. Elles seront lues ou ne seront pas lues. Là n'est pas la question principale pour celui qui les écrit; c'est pour lui non une question de succès mais une question de devoir. Il ne peut se faire que la déchéance du Christ soit insolemment proclamée à la face de tout un pays et qu'il n'y ait pas une protestation énergique et motivée de la part de ceux qui en perdant le Christ croiraient tout perdre, tout ce pour quoi il vaut la peine de vivre. Se taire ce serait laisser son drapeau traîné dans la boue dont on l'a couvert sans essayer de le relever. Silence lâche et coupable qui équivaudrait à une désertion. Il est possible que la foule ne soit attentive qu'à l'attaque et que la défense meure sans écho. N'importe! il ne sera pas dit que le Christ a été insulté comme il le fut rarement depuis dix-huit siècles, et que les chrétiens ont subi avec indifférence un outrage qui ne passait par eux que pour remonter jusqu'à lui. D'ailleurs, la cause du Christ se confond avec celle de l'humanité, car c'est de lui que tout bien découle pour elle. On ne peut le frapper sans la frapper. S'il était aussi facile d'anéantir son œuvre que de la nier, si l'on parvenait à extirper son nom et son esprit de la terre, la grande victime serait l'homme, l'homme désormais voué à une irrémédiable malédiction. Plaider la cause du Christ, c'est plaider la cause de tous, c'est même servir les intérêts de celui que nous combattons, car son impiété n'est pas sans retour possible tant qu'il reste un Dieu de pardon. La vivacité de notre réplique n'a trait qu'à ses idées, jamais à sa personne.

II.

Hâtons-nous de dire à quel point de vue nous nous plaçons dans cette réponse à la partie anti-religieuse du pamphlet de M. Proudhon. Nous ne sommes pas de ceux qui peuvent invoquer contre lui une autorité religieuse armée de l'anathème. Ceux-là, oubliant que frapper n'est pas répondre, pensent avoir vaincu quand ils ont fulminé. Ils ont essayé plus d'une fois, comme le dit éloquemment Tacite, d'étouffer la voix de leurs opposants dans les flammes : *Flammis abolere vocem generis humani.* Aujourd'hui qu'à leurs grands regrets ces flammes impies ne peuvent se rallumer, et que le souffle de la liberté maudite par eux les a éteintes pour toujours, ils se contentent des foudres de l'anathème. L'index leur est une sorte d'autodafé de librairie; mais c'est un autodafé dangereux qui ne fait qu'illustrer ce qu'il devrait consumer. Aussi, partout où cela se peut, ils y joignent des mesures de douane et de police. C'est l'argumentation usitée ou du moins recommandée par tout un parti religieux, argumentation grossière et absurde qui, en Chine et au Japon, prouve contre le catholicisme avec autant de raison qu'elle prouve pour lui dans certaines parties de l'Europe[1]. Nous pensons que toute atteinte à la liberté de la pensée et de la parole en matière religieuse est un aveu d'impuissance, qu'on ne recourt à la force que quand le droit et la conviction manquent, et que la défense sur ce terrain est mille fois plus dangereuse à la

[1] L'*Univers religieux*, daus son N° du 23 août, regrette amèrement qu'on ait laissé paraître le livre de M. Proudhon. La compression, voilà le premier et le second chapitre de sa logique dans les discussions. Le troisième et dernier est l'outrage.

foi que l'attaque la plus violente. Depuis les pharisiens de Jérusalem, tout tribunal de doctrine nous semble un essai malheureux de soutenir des croyances qui tomberaient sans lui. La compression est le bâton de vieillesse des formes religieuses caduques, surtout dans des temps comme ceux-ci. Ainsi donc je repousse toute solidarité avec ceux qui combattent les adversaires du christianisme en se servant d'autres armes que celles de la parole. Je suis partisan absolu de la liberté religieuse, et je souscris pleinement à ces belles paroles d'un Père de l'Eglise qu'il n'est pas inutile de rappeler maintenant : « Il « est du droit humain et du pouvoir naturel de cha- « cun, de suivre le culte qu'il lui plaît. Il n'est pas « religieux de contraindre en quoi que ce soit son « semblable dans les choses religieuses. La reli- « gion doit naître spontanément dans l'âme et ja- « mais par violence, car les offrandes demandées « de nous doivent être volontaires [1]. » Et je

[1] *Humani juris et naturalis potestatis est unicuique, quod putaverit colere. Non religionis est cogere religionem quæ sponte suscipi debeat, non vi, cum et hostiæ ab animo libenti expostulentur.* Tertullien, lettre à Scapula, c. II.

souhaite de voir chaque conviction soutenue par ses adhérents seuls, entrer en ligne dans les grandes luttes de la pensée avec ses seules forces morales, sans appui extérieur qui l'étaie. Que ce qui est digne de vivre vive et se développe; que ce qui manque de vitalité interne meure de son épuisement, sans être galvanisé du dehors; c'est mon vœu formel, et je l'exprime librement parce que j'ai une foi profonde et ferme dans l'immortelle jeunesse du christianisme. Voilà bien des siècles que des voix puissantes et écoutées disent: Il est mort, comme on l'a dit pendant trois jours du Christ lui-même. Et néanmoins, on a beau faire bonne garde autour du tombeau où on croit l'avoir enseveli; le matin du troisième jour se lève sur un sépulcre vide, et le Christ passe de nouveau au travers des multitudes pour les bénir. Voyons si la voix qui aujourd'hui annonce triomphalement sa mort a quelque raison spéciale pour être écoutée. Je n'ai pas besoin d'avertir que ma discussion porte exclusivement sur la question religieuse. Je n'entre ni de près ni de loin dans la question politique.

III.

Une chose me frappe dans les attaques de M. Proudhon contre le christianisme : c'est leur faiblesse de raisonnement comparée à leur extrême violence. Le vide de l'argumentation est dissimulé par le nombre et le bruit des outrages. C'est un de ces haros populaires, un de ces *tolle* impitoyables, non raisonnés, qui n'ont aucune valeur démonstrative. Des généralités sans preuves, des déclamations commodes au lieu de patientes déductions, le tout épicé de traits d'un goût équivoque, voilà la manière philosophique de M. Proudhon. On chercherait en vain dans tous ses écrits une réfutation motivée du christianisme. On n'y trouve qu'un arrêt superbe, une condamnation à mort. Je le condamne, parce que je le condamne, voilà toute sa dialectique. Pour M. Proudhon un paradoxe est une preuve. Où a-t-il sérieusement traité la question de l'origine du mal, la question du miracle, celle de l'influence immense du christianisme sur le monde? a-t-il seulement abordé le problème de la critique sacrée, du témoignage apostolique? a-t-il démontré son inauthenticité ou sa fourberie? M. Proudhon a tranché toutes ces difficultés en haussant les épaules. C'est un raisonnement expéditif et commode; seulement quand on se contente à si bon marché pour nier, on n'est pas fondé à railler ceux qui affirment et à les traiter de fous et de visionnaires. Entre l'incrédule et le croyant, le plus logique des deux n'est pas toujours celui qu'on pense. Vous ne voulez rien croire, il vous faut de la dialectique. Soyez donc conséquents; ne vous contentez pas d'affirmations en l'air.

Un autre caractère qui nous frappe dans les procédés philosophiques de M. Proudhon, c'est qu'il nous donne un mélange de toute espèce de philosophie. Un peu de Hegel, un peu de Feuerbach, un peu de Strauss, une forte dose d'Auguste Comte. voilà son système. Tout cela se combine à plusieurs égards assez mal. Entre Hegel, qui est l'homme de la métaphysique par excellence, et M. A. Comte, qui n'en veut plus, il y a bien de légères différences. Quand on se pose en Titan, et qu'on défie le ciel avec tant d'audace, on ferait bien de ne pas porter un habit bariolé de toute couleur. Pour un rôle aussi formidable ce ne serait pas trop que d'avoir un système à soi. Un système! nous oublions que M. Proudhon ne veut pas plus de système philosophique que de foi religieuse. Il fustige tout autant la philosophie que la religion. Platon est rangé parmi les insensés comme saint Paul. Tout effort de l'esprit humain qui tend à une généralisation quelconque est condamné par lui. Il ne chasse pas seulement de sa république les poëtes, tous ceux qui ont quelque aspiration, quelque idéalité, mais encore tous ceux qui ne résument pas la vie humaine dans ces deux mots : *vendre et acheter*.

IV.

Nous n'exagérons pas, — qu'on lise le chapitre III du livre de M. Proudhon intitulé : *Desiderata de la révolution de février*. Le premier de ces desiderata, d'après lui, est « l'abrogation progressive « des grands organismes qui à l'origine des socié- « tés servirent à dompter la nature rebelle des « peuples [1]. »

« L'humanité, en ce qui touche ses formes pri- « mitives et son organisation préparatoire, ne « marche point à des reconstructions mais à une « disinvolture complète. Plus d'ontologie, plus de « panthéisme, d'idéalisme, de mysticisme, l'esprit « n'admet plus de conception *à priori*, ni petite,

[1] Page 27.

« ni grande sur Dieu, le monde et l'humanité. Plus « de religion dogmatique, de constitutions gou« vernementales, plus d'utopie, ni sur la terre, ni « dans le ciel. En cela consiste la personne hu« maine, personne sacrée qui apparaît dans sa plé« nitude et rayonne de toute sa gloire à l'instant « où, rejetant bien loin tout sentiment de crainte, « tout préjugé, toute subordination, elle peut dire « avec Descartes : Je pense, donc je suis — je suis « souveraine, je suis Dieu [1]. »

Bien souvent déjà l'homme a poussé ce cri de démence : « Je suis Dieu. » Mais au moins entourait-il son front d'une auréole : c'était pour les uns l'auréole de la beauté artistique, le prestige d'une poésie inimitable, comme sur l'Olympe grec; c'était pour les autres l'auréole de la pensée philosophique, comme dans l'Allemagne moderne. M. Proudhon ne se donne pas tant de peine pour son dieu. On n'a pas à le chercher au travers du nuage doré de mythes poétiques, ou sur les sé-

[1] Page 55.

vères sommités de la métaphysique. Son dieu a pour temple un comptoir ou une banque, c'est le vieux Mercure, le dieu des marchands, moins ses ailes, avec une aune de boutique pour caducée. C'est par cette triste farce que devait finir l'essai d'apothéose si souvent tenté pour l'humanité. Tant il est vrai qu'on ne peut lui arracher la pensée de son Créateur sans l'avilir. C'est éteindre la flamme de l'autel, et un autel éteint est un foyer comme un autre, et devient bientôt, pour employer le style de M. Proudhon, un âtre de cuisine. « Qui « veut faire l'ange fait la bête, a dit Pascal. » Que dire de celui qui veut faire le Dieu.

V.

C'est au moyen de ce qu'il appelle le principe de contradiction que M. Proudhon arrive à ces beaux résultats. Il voit dans ce principe la méthode souveraine de la philosophie. Voici en quoi il consiste : Le progrès n'est pas une évolution constante de l'humanité, c'est une négation continue, sans reconstitution possible. « Il faut pour « tout ce qui nous a précédé en religion, en phi- « losophie, en politique, arriver de *quelque chose* « *à rien*[1] »

Les intérêts matériels ne prendront tout leur développement que quand tout le reste aura disparu, emporté dans le tourbillon d'anarchie qui secoue la société. Ce fameux principe de contradiction qui est le: *Cézame, ouvre-toi* de M. Proudhon, la clef de l'histoire, dans ses mains, est un emprunt fait au système de Hegel. D'après la théorie du philosophe allemand, chaque catégorie d'idées ou d'êtres renferme en elle-même une imperfection, un germe de mort qui la fait s'évanouir dans une catégorie supérieure jusqu'à ce qu'elle atteigne l'absolu, le point culminant de toute idée et de tout être.

[1] Page 50.

M. Proudhon, poussant à outrance cette donnée première du panthéisme, transforme le principe de contradiction en principe de destruction constante et universelle. L'histoire de l'humanité est d'après lui un long suicide ; elle se dépouille d'époque en époque de tout ce qui la caractérisait le plus noblement, de l'adoration, de la recherche du vrai, de la moralité, et le dernier terme du progrès pour elle est le néant au point de vue moral et religieux. Voilà ce que M. Proudhon appelle passer de *quelque chose à rien*. Naturellement il se garde bien d'établir logiquement le principe qui est le pivot de ses théories; il se contente de le poser, c'est sans doute par la beauté de ses résultats qu'il veut nous y gagner. En lui-même il renferme une flagrante absurdité. Le progrès n'est pas un dépouillement pur, mais un enrichissement par un dépouillement, une conquête dans une lutte. La négation qui n'est pas féconde est une destruction et non un progrès. Tout homme dit avec saint Paul: Je désire d'être revêtu et non d'être dépouillé.

Il est aussi quelques difficultés à la philosophie de l'histoire que nous donne M. Proudhon. Si les idées de religion, de recherche du vrai, d'obligation morale, ne nous sont pas constitutives, comment se fait-il qu'elles soient surtout puissantes au début de l'humanité? Qui dès l'origine a chargé ses épaules de ce fardeau qu'elle a tant de peine à secouer? Si le progrès pour elle consiste dans le dépouillement de toute vie supérieure, quel être malfaisant a eu la malice d'embarrasser ses pas de ce vêtement inutile qu'elle a pour tâche pénible de déchirer peu à peu? ou plutôt ce vêtement ne serait-il pas semblable à cette tunique d'un héros qu'on ne pouvait arracher sans arracher des lambeaux de sa chair, tant elle lui était inhérente?

C'est la pourpre royale dont les mains de Dieu avaient paré l'homme pour qu'il fût reconnu roi sur la terre. C'est ce qui seul le distingue de la brute. Dire que le progrès consiste à rejeter ces idées divines c'est dire qu'il consiste pour l'homme à descendre jusqu'à la bestialité. Voltaire écrivait à Jean-Jacques Rousseau, après la publication de son discours sur les lettres et les sciences : « En vous lisant, il me prend envie de marcher à quatre pattes. » — Cette envie ne prendra à personne en lisant M. Proudhon, car il n'a pas même à nous offrir l'espèce d'idéal de vie naturelle que Rousseau décrivait avec son éloquence passionnée. Il ne rend pas à l'homme la liberté des déserts et des forêts vierges ; pour consolation à sa dégradation il le relègue dans une boutique.

VI.

Vous en voulez donc bien, nous dira-t-on, à cette malheureuse boutique, et vous diriez volontiers avec M. de Lamartine, que *vendre* et *acheter* sont des mots immondes. Entendons-nous. Il faudrait être insensé pour contester l'importance de la facilité des transactions, de la rapidité des échanges, de la circulation active de la richesse. Il y a là plus qu'une question de bien-être. Tout ce qui peut améliorer le sort des masses, a un intérêt moral immense. Nous sommes loin de dire : Tout est pour le mieux dans le meilleur des mondes possible. Nous sympathisons profondément aux souffrances qui gémissent près de nous. Nous rejetons comme une impiété la consolation que l'égoïsme dévôt croit puiser dans ces paroles du Christ : « Il y aura toujours des pauvres avec vous, » en les opposant à toute tentative de bander la plaie saignante du paupérisme. Scribes et pharisiens, vous prenez la lettre de l'Evangile pour en tuer l'esprit ; souvenez-vous que celui qui a prononcé ces mots est le même qui était ému de compassion en voyant les multitudes avoir faim[1]. Ainsi qu'on s'occupe avec soin des intérêts matériels du peuple, comme chrétien je l'approuve fortement. Qu'on multiplie des études approfondies et même contradictoires sur ces questions ardues,

[1] Evangile saint Luc, ch. IX, v. 14.

j'y applaudis encore. Mais ce que je repousse c'est la prétention de tout ramener à une question matérielle, et pour corriger ce qu'il y a de défectueux sur la terre, de commencer par supprimer le ciel; ce que je flétris, c'est ce matérialisme qui croit qu'il est possible de réformer la société sans un principe supérieur. On arrive ainsi à des conclusions absurdes qui, ne tenant pas compte des éléments les plus nécessaires de la vie humaine, se brisent contre des impossibilités accumulées, et ne sont en définitive que le rêve grossier de la chair. Ç'a été jusqu'à présent le péché originel de la plupart des systèmes d'organisation sociale qui se sont produits parmi nous.

Il y a plus, les intérêts matériels sont compromis quand on veut les servir seuls. Même dans ce domaine l'impulsion féconde vient de plus haut. Il y a solidarité étroite entre toutes les sphères de la vie sociale. Les pays engourdis dans un sommeil moral et intellectuel sont les plus arriérés pour l'industrie. C'est qu'après tout, à prendre les choses en grand, et à part les nombreuses exceptions individuelles, l'homme ne peut se servir de la matière que comme d'un instrument. L'y river comme à sa fin et à sa destination c'est l'y ensevelir. Si décidément le seul sanctuaire qui restât debout était un comptoir, ce comptoir serait bientôt mort et inactif. Le pays du matérialisme par excellence, la Chine, est là pour nous le dire par son contraste avec la religieuse et libre Angleterre.

VII.

Mais enfin, dans ce comptoir, dans cette banque d'échange, dernier mot de l'histoire selon vous, on ne se contentera pas de vendre et d'acheter : on volera, on pleurera et on mourra. En d'autres termes, le mal et la douleur, dans leurs manifestations diverses, y pénètreront encore. Vous parlez de fonder une société de crédit et de garantie : on n'en fonde pas contre le crime, la souffrance et la mort. Ils traverseront les verroux des portes et passeront au travers des serrures les mieux fermées. L'équilibre entre la production et la consommation ne suffira pas pour les bannir. Ainsi donc, dans votre boutique on volera, on pleurera et l'on mourra.

On volera!... Le mal ravage le monde. Qui en doute? Quand le pain sera rompu à tous en abondance, il n'aura pas disparu. Il monte des profondeurs du cœur. L'envie, la haine, l'ambition, l'orgueil, la volupté infâme, la tromperie, l'avarice sont sept démons que le bien-être ne suffit pas pour chasser. Eh bien! à l'heure de la tentation, quand leur souffle maudit agitera l'âme de l'homme, où sera le frein? où sera la force pour résister? Montrez-les nous. La pensée de Dieu a disparu de votre société; l'idée d'un jugement futur a été rejetée comme un opprobre. La loi morale a rejoint ces vieilles chaînes brisées. L'homme est libre, l'homme est Dieu. Son semblable n'est même plus là pour imposer à son indépendance les limites de sa propre liberté. Je le demande encore, où est le frein possible? Qu'est-ce qui retiendra l'homme affranchi? Au nom de quel principe domptera-t-il sa passion? M. Proudhon dit avec triomphe : « Le croyant ahuri est devenu sage. » Dites plutôt le sauvage est déchaîné. Garde à vous si votre bras n'est pas robuste. La morale n'est plus qu'un pugilat.

On pleurera, avons-nous dit. On aura beau manger à sa faim, on pleurera. La source des larmes est abondante et profonde. *Sunt lacrymæ rerum.* Les froissements du cœur, les séparations pénibles, l'ingratitude, la déception, tout cela n'aura pas disparu devant une balance de compte. On pleurera. Comment essuyer ces larmes? où est l'apparence d'une consolation dans votre geôle? que faire? Prier. Il n'y a que les imbéciles qui prient. « La prière est un supplément de la réflexion à l'usage des enfants et des simples[1]. » Espérer? Il n'y a plus que le présent mobile. Le monde supé-

[1] Page 28.

rieur a disparu comme un nuage sous un coup de vent. Il ne reste plus qu'à réfléchir. Réfléchir! C'est-à-dire considérer sa douleur, la sonder, tourner le fer dans la plaie! Comme cela console!

Enfin on mourra. Et après? Vous sortez du système, dira M. Proudhon. – Après? —Cela ne vous regarde pas. — Après? —Je n'en sais rien, ni vous non plus. — Et ceux que j'aimais, ils ne sont plus maintenant que de la poussière. C'est là tout mon avenir. — Vendez et achetez, vous dis-je; égalez la production et la consommation, ne pensez pas à la mort. — Mais elle pense à moi. —Vous tombez dans le lieu commun. La nouvelle philosophie sociale ne s'occupe pas de ces choses: c'est encore bon pour les simples et les enfants.

VIII.

La nouvelle philosophie sociale ne s'occupe pas de ces choses. Voilà votre seule réponse à ces terribles problèmes qui ne sont pas affaire d'école, mais qui nous saisissent journellement à la gorge. « Quelle qu'ait été la comédie, a dit Pascal, le dernier acte est toujours sanglant. » Et ce dernier acte, il commence à se jouer dès les premiers; il y mêle ses lugubres épisodes, car la douleur n'est que l'avant-coureur de la mort et elle marche sans cesse à nos côtés. Eh bien! la philosophie sociale s'occupe de tous les autres actes, excepté de celui-là; la vie n'est plus pour ses adeptes qu'une pitoyable tragi-comédie, une farce larmoyante. Elle n'a négligé qu'une chose dans le drame, c'est le dénouement. Mais ce dénouement, c'est tout. Il fallait le supprimer si on ne voulait pas l'expliquer. Nous devons mourir ; nous sommes en face d'un redoutable inconnu ; nous n'en sommes séparés que par un court espace de temps comme le marin n'est séparé de la mer que par une planche. Et vous n'avez rien à nous dire qui illumine cet inconnu ; contre nos passions et nos douleurs, vous n'avez rien à nous offrir — rien que du pain pour notre faim et des jouissances pour notre corps — rien que des remèdes passagers pour des maux passagers. Quant au mal profond, immense qui nous dévore, vous n'y avez pas pensé. Continuez à dire : Nous sommes des dieux, tandis que comme l'Hérode de l'Ecriture, vous avez déjà en vous, dans quelque secrète souffrance, le ver qui vous rongera. Pour nous, nous chercherons une doctrine qui ait pensé au dernier acte de la vie tout en pensant aux autres, et qui donne une solution à cette triple question du mal, de la souffrance et de la mort, dans laquelle se trouve le nœud de toutes les questions.

IX

Cette doctrine nous l'avons trouvée. Avec elle nous vivons et nous mourrons en paix. Cette doctrine — vous le savez déjà — pour nous, c'est l'Evangile — l'Evangile que vous raillez sans le connaître. Vous avez pris de prétendus chrétiens pour l'incarnation du christianisme. Je m'étonne moins de vos blasphèmes. Qu'ont-ils fait de l'Evangile? Ils en ont donné dans leur vie, dans leurs doctrines une traduction informe et mutilée, qui en dénaturait complétement l'esprit Les uns l'ont transformé en un gothique missel du moyen âge tout bigarré d'ornements apocryphes, que l'on n'a le droit de lire que sur le lutrin de la cathédrale et que le prêtre peut seul feuilleter. La raison en est fort simple. Comme ils ont voulu en faire le livre des servitudes de l'humanité, consacrant tous les priviléges en consacrant l'inégalité religieuse, ils ne pouvaient le laisser aux mains de tous. Ce n'est plus le livre du peuple. On ne peut plus dire : l'Evangile est d'abord annoncé aux pauvres. C'est le livre d'or d'une Venise nouvelle où une aristocratie religieuse a inscrit sa hiérarchie. C'est le code de ses anathèmes contre tout mouvement de liberté. Nous sommes vos maîtres, disent-ils ; soyez comme un bâton dans nos mains, sans plus de résistance qu'un cadavre ; nous avons les clefs du pardon et de la grâce. Et le peuple chrétien ne sent que trop que ce sont des clefs de geôliers. Voilà la traduction du jésuitisme. D'autres ont fait de l'Evangile un livre d'école, un système serré, difficile à retenir ; ils le jettent comme une chaîne sacrée à la pensée de leurs prosélytes, et malheur à eux s'ils en laissent tomber un anneau : voilà la traduction du dogmatisme sec et mort. D'autres, tombant dans l'extrême opposé, en ont fait une nouvelle édition du *Vicaire savoyard*, une homélie sur l'Etre suprême et l'immortalité de l'âme, un livre honnête et modéré, venant révéler au monde le Dieu des bonnes gens : voilà la traduction du rationalisme.

Telles sont les traductions de l'Evangile qui ont cours principalement aujourd'hui. Il serait temps de remonter au texte original.

X.

Le texte original ! ce n'est ni un anathème ni une formule sèche, ni un vide lieu commun : c'est une parole vivante, divine, remuant le cœur jusqu'au fond, d'abord foudre accablante, puis lumière sereine. Cette parole unique, mais débordant d'une puissance et d'une sève infinie, retentit de page en page dans le livre sacré, tantôt dans un récit, tantôt dans une effusion de sentiments, tantôt dans une épître. Cette parole de Dieu aux hommes ; la voici dans un mot : *Pardon.* — Pardon du Dieu offensé aux hommes rebelles, réconciliation parfaite entre le ciel et la terre par le repentir, la foi et l'amour. Ce mot de pardon c'est la plus magnifique réponse à la triple question du mal, de la douleur et de la mort.

Qui dit pardon suppose crime et offense. Nous savons maintenant d'où vient le mal, d'où revient le bien. Le sceau de la déchéance que nous portons sur notre front nous est expliqué. La même main qui déchire le voile des illusions perfides nous est tendue pour nous relever. A l'heure de la tentation nous ne sommes plus seuls. Nous avons près de nous le Dieu qui pardonne. La douleur n'est plus à nos yeux le jeu cruel d'un Dieu inconnu, espèce de Caligula du ciel jouissant de nos larmes. Ce n'est pas non plus l'accident du hasard. Nous en connaissons la source, et le mot de pardon la tarit incessamment. Enfin avec ce mot divin la mort est désarmée ; ses froides régions s'illuminent. Ce n'est plus le néant ou l'abîme : c'est la maison paternelle retrouvée. Et ce mot de pardon n'est pas un mot qui frappe l'air et s'évanouit ; cette parole divine est en même temps un verbe vivant. Ce pardon est apporté au monde par le Fils de Dieu, victime volontaire du grand sacrifice qui répare tout ce que la chute avait dévasté et scelle d'un sang pur la réconciliation entre l'humanité et Dieu. Sa résurrection, attestée par des témoins qui meurent en le confessant, est la preuve auguste de sa victoire sur la condamnation.

Sans doute tout cela est une grande folie pour celui qui a pu écrire : « Vous préférez à l'arithmétique une charité hypocrite qui ne peut se passer de « l'arithmétique sans devenir aussitôt imbécile[1]. » L'arithmétique, la raison calculatrice est ici complétement en défaut. Mais il n'en est pas moins vrai que ce sacrifice, cet abaissement, cet anéantissement de Christ parle au cœur avec une puissance souveraine, qu'à ce foyer d'amour tout amour s'allume désormais et que la foi dans cet amour, la crainte d'offenser le Dieu du pardon a multiplié

[1] *Système des contradictions économiques*, t. II, p. 135.

les martyrs par milliers. C'étaient encore, il faut l'avouer, des gens peu forts en arithmétique. Il n'en est pas moins vrai que cette folie a régénéré le monde, que la parole du pardon a été le *fiat lux* de la société moderne. Il n'en est pas moins vrai enfin que toute âme qui la reçoit aujourd'hui comme toujours en est fécondée, transformée, et qu'on arracherait au vrai chrétien le sentiment de son existence avant de lui enlever la foi dans ce pardon, car il sait par une expérience personnelle tout ce qu'elle renferme de force et de consolation. Une telle religion est assez belle pour assurer à elle seule son pouvoir sur nous. Faire dépendre son triomphe de l'autorité extérieure c'est la dégrader, car c'est la proclamer sans force et sans attraits pour l'âme. Nous sommes ses captifs volontaires et non ses esclaves. Un père qui pardonne ne fait pas enchaîner son fils. Il ouvre ses bras et l'on s'y jette d'un irrésistible élan.

XI.

Que de preuves en faveur de cette vérité chrétienne tant dédaignée ! Sans parler des témoignages de l'histoire dont les adversaires du christianisme se débarrassent en citant Strauss comme un catholique cite l'autorité d'un concile, — personne n'est aussi légèrement affirmatif que les héros de la négation, — le miracle de la transformation du monde, par une église méprisée et sans force extérieure vient corroborer le caractère miraculeux du christianisme ! Quand on a ri du miracle, on croit que tout est dit. Qu'on nous explique donc l'histoire de la secte des Galiléens sans miracles : ce sera le plus étonnant de tous les miracles. Mais nous n'avons pas la prétention d'entrer ici dans l'apologie du christianisme. Il nous suffit de faire ressortir l'incroyable frivolité de l'incrédulité contemporaine qui vit sur des *on dit* venus d'Allemagne, et qui sait mieux insulter que prouver. Toutefois, il est un mot de M. Proudhon que nous désirons relever. Il déclare, de son ton tranchant, que le christianisme n'est pas autre chose que la vision de l'humanité, la légende de ses destinées, — en d'autres termes, que l'Evangile est notre biographie à chacun, avec quelques ornements de plus. Nous ne ferons pas ressortir l'absurdité de cette prétention, elle ressort suffisamment d'elle-même. Si l'Evangile cachait votre système sous une forme poétique, pourquoi le déchirez-vous et le maudissez-vous ? Ce serait un catéchisme populaire commode pour vous. Nous voulons seulement montrer sur quoi s'appuie cette idée très répandue que le christianisme est la légende des destinées humaines. Elle repose sur le fait que dans toutes les religions on retrouve des symboles et des légendes qui ont quelque affinité avec ses dogmes. Pour nous, nous y voyons une preuve de plus en sa faveur. L'âme humaine, sous tous les cieux, dans toutes les civilisations, a éprouvé les mêmes tristesses, les mêmes aspirations, les mêmes besoins du salut. Au travers des mythologies les plus différentes, elle a rêvé sa délivrance à peu près toujours de la même manière. Les mythes et les symboles ont été l'expression de ce désir universel. La différence entre ces religions et le christianisme, c'est que d'un côté sont les aspirations et les légendes, et de l'autre la réalité divine que satisfait ces aspirations. Le rapport entre la satisfaction accordée et le long désir de l'humanité prouve que le christianisme est la religion définitive, car c'est la seule qui peut dire : Heureux ceux qui ont faim et soif, parce que c'est la seule qui apaise cette faim et cette soif.

XII.

Oui, il y a un rapport étroit entre l'âme humaine et l'Evangile. Le Christ est fait pour elle et elle pour le Christ. Tant qu'elle ne le possède pas, elle s'agite et s'épuise en vains efforts.

M. Proudhon lui-même reconnaît en elle une faculté religieuse; seulement il ajoute : « C'est « une faculté toute humaine qui est la condition « physique de la religion (p. 106). » Cela vous plaît à dire, parce que cette faculté vous embarrasse, qu'elle dérange l'économie de votre idéal social. Vous dites : C'est une plante parasite. Avouez en tout cas qu'elle a une singulière vitalité. Cette plante parasite survit à tout dans ce monde. Comme le lierre, elle renaît sur la ruine des édifices les mieux construits. Cette faculté religieuse est une sérieuse difficulté dans votre système. Vous ne voulez reconnaître que des faits positifs; eh bien! voilà un fait positif reconnu par vous et que le christianisme seul explique. Cette faculté religieuse, c'est la préoccupation de l'infini, de Dieu, de tout ce que vous condamnez; c'est la tristesse sainte de l'exil que vous ne consolerez pas dans vos banques et vos comptoirs; c'est le besoin de la vérité, de la justice, de la paix intérieure ; c'est l'attente souvent inconsciente du consolateur ; c'est par cette faculté enfin que l'âme reconnaît et adore dans le Christ celui qu'appelaient ses misères comme ses grandeurs.

XIII.

L'objection principale de M. Proudhon contre le christianisme au point de vue social est tirée de son immobilité. « Etres changeants, qu'avons-« nous à faire d'une institution soi-disant im-« muable. (p. 98.) L'humanité ne pouvant sub-« sister que dans un mouvement perpétuel, la « religion supposée éternelle et immuable n'est « pas faite pour elle. » Ainsi pour lui l'humanité est une sorte de Juif errant qui ne doit jamais s'arrêter, poussé comme par un tourbillon par le génie des révolutions. Il y a là une confusion d'idées étranges. L'humanité marche ; mais elle ne marche pas pour marcher. Elle marche vers un but qui est la réalisation toujours plus complète de sa destinée. Dire que le mouvement a son but en lui-même, que la révolution est l'état normal de la société, c'est nier l'histoire. La vie de l'humanité serait alors semblable à un sablier que l'on retourne quand il a versé le sable qu'il renferme, pour qu'il le verse de nouveau sans autre utilité que de le verser encore.

Déjà à cet égard l'idée de M. Proudhon est absurde. Si l'humanité n'est pas vouée à un mouvement infini, sans mesure et sans frein, le christianisme n'est pas non plus voué à l'immobilité. Sans doute il est la vérité absolue à laquelle on ne peut ni ajouter, ni retrancher, mais il n'est pas une vérité morte et immobile. Le christianisme n'a pas été déposé sur la terre comme une borne avec une inscription divine, marquant la limite de notre activité : il est un principe de vie, un germe fécond appelé à pénétrer l'individu et la société comme le levain pénètre la pâte, suivant une comparaison familière mais frappante de l'Evangile. Pensée ou plutôt œuvre de Dieu, éternelle comme lui, il doit se réaliser dans le temps et dans l'espace, et pour développer ses conséquences, il lui faut des siècles. C'est dans ce sens que Jésus-Christ a dit à ses disciples : *Vous ferez de plus grandes œuvres que moi*. Le christianisme seul peut régler et féconder le mouvement de l'humanité. Il lui a ouvert la plus belle et la plus immense carrière. Il faut tout l'aveuglement de la passion pour déclarer immobile une religion qui a changé la face du globe. Elle a donné d'avance à ses détracteurs la réponse du philosophe grec au sophiste qui niait le mouvement. Elle a marché, et chacun de ses pas dans l'histoire a laissé sa trace dans un bienfait éclatant pour l'humanité.

XIV

Nous n'avons pas voulu engager une discussion en règle. Franchement, l'attaque ne le méritait pas. Il nous suffit d'avoir montré quelle injuste prévention, quelle faiblesse d'arguments caractérisent le livre de M. Proudhon. Partout il confond la substance avec l'accident, le christianisme en soi avec tels ou tels chrétiens. Nous avions besoin de protester contre ce matérialisme effréné, si sûr de lui-même qu'il ne prend plus la peine de se démontrer. Ce matérialisme n'est pas un fait isolé. Semblable à ces nuées mobiles qui n'éclatent en pluie abondante qu'après avoir parcouru tous les points de l'horizon, il n'a éclaté avec ce cynisme inouï que parce qu'il est répandu à profusion dans notre atmosphère morale. Un livre pareil n'est pas un accident, c'est un symptôme. Tous les partis, toutes les opinions doivent en recevoir instruction; il y a lieu à humiliation pour tous. Ceux qui se donnent parmi nous pour les premiers représentants du christianisme n'ont pas le droit de décliner leur responsabilité en face de telles attaques. Ces attaques sont insensées, j'en conviens, mais elles indiquent le courant d'une tendance énergique. Et je n'hésite pas à le dire, le catholicisme ultramontain est pour beaucoup dans ce divorce entre une partie de la nation et la religion. Nous parlons du système et non des hommes. Nous savons qu'il peut y avoir de respectables chrétiens égarés dans ce parti intraitable. Le rôle double joué par lui depuis plusieurs années, cette disposition à adorer comme Clovis ce qu'il a brûlé, et à brûler — de ses anathèmes — ce qu'il a adoré; aujourd'hui bénissant la liberté, demain la maudissant, n'ont pas augmenté dans la conscience publique le respect de la religion. N'a-t-il pas fait tout ce qu'il fallait pour élargir la distance entre elle et les hommes de notre génération? Ses regards ne sont-ils pas constamment tournés vers le moyen âge — y compris l'inquisition et le mauvais latin — comme les yeux de l'exilé vers sa patrie ? Puis surtout, quand a-t-il fait entendre à nos cœurs une parole consolante et féconde nous apportant un écho de la parole divine ? Nous voyons beaucoup d'hommes habiles; où sont les saints et les apôtres? Nous entendons beaucoup parler des miracles de la Salette, de la conception de la Vierge et très peu de Jésus-Christ et du pardon. Avec quel serrement de cœur les hommes de foi voient la cause de l'Evangile compromise par ce qu'on fait passer sous son nom ! Ceux qui lui font le plus de mal, ce ne sont pas ses adversaires, ce sont ses amis prétendus, qui souvent en font une cause humaine, mesquine, la cause du prêtre et de ses préjugés, et non plus celle de Dieu et de ses miséricordes.

XV.

Ce livre apporte aussi un redoutable avertissement à cette masse d'hommes sages et modérés qui ne veulent pas trop de christianisme et pas trop de scandale dans leur vie, défenseurs de la famille et de la religion pour mieux défendre leurs propriétés, cachant sous ces dehors honnêtes un matérialisme affreux. Ils s'indignent, ils crient à l'outrage des mœurs publiques en lisant le livre de M. Proudhon. Ames candides en ce point, sachez que vous en êtes les inspirateurs. Vous vivez pour l'argent et les plaisirs. On vous donne la théorie de votre pratique. On vous renvoie votre confession de foi hardiment formulée, sans périphrase dévote. On vous présente un miroir implacable et vous poussez les hauts cris. Je le crois bien, vous vous êtes vus en face, vous vous êtes vus sans déguisement. Voilà au fond ce que vous êtes et ce que vous pensez, peut-être même au pied des autels où la peur vous a poussés. Vendre, acheter et jouir, tout en revient là pour vous. Vous êtes les éditeurs responsables de ce livre. Il a le mauvais goût de dire tout haut ce que des milliers d'hommes pensent tout bas. Ce n'est pas un livre de bonne société, car il est franc et peint sous de vives couleurs la société actuelle.

XVI.

Il faut le dire, la société française est toujours plus envahie par le matérialisme. Il y a sans doute un certain ensemble d'idées morales acquises par la conscience publique, qui rendent impossibles des actes facilement acceptés autrefois. Mais cela ne fait que rendre le matérialisme plus coupable. Notre littérature du moment épuisée, haletante, souvent si honteusement impure, est caractérisée par un manque absolu d'idéal. Elle n'est remarquable que quand elle dissèque nos vices sociaux, mais elle le fait sans l'ironie sérieuse et fine du moraliste, dans le but unique d'en repaître nos yeux. Elle ne craint pas pour les exposer de violer la pudeur publique, et cela est accepté et récompensé. L'art n'est pas moins tombé. Les représentants de l'idéalisme artistique se sont retirés de la mêlée. Les œuvres qui figurent devant la foule parlent aux yeux et non à l'âme. Le paganisme, comme le faisait remarquer dernièrement un critique habile et sévère, pourrait donner des leçons de chasteté à la sculpture la plus populaire parmi nous.

La littérature et l'art servent notre génération selon ses goûts. On en a peu vu chez qui le point de vue moral fût plus émoussé, qui se souciât moins du juste et de l'injuste. L'Eden qu'elle rêve est le pays de l'or. Elle se précipite avec un ensemble effrayant vers ce positivisme desséchant, pour parler la langue de ses penseurs. La jeunesse elle-même, vieillie dès l'entrée dans la vie, sans flamme et sans principes, sceptique et avide de jouir, ne fait point disparate dans ce triste état. Le matérialisme s'infiltre comme un poison subtil dans les veines de la nation, la dévore, et tarit cette sève généreuse qui la caractérisait : de là une torpeur sourde, un contentement de soi stupide, le dédain de tout ce qu'on aima.

XVII.

On dira que nous décrions notre temps, qu'il a sa grandeur et qu'en particulier jamais la nature ne fut mieux domptée. Les conquêtes de la science sur la nature ne sont-elles pas plus rapides, plus admirables que jamais? Le temps et l'espace ne sont-ils pas à peu près vaincus? La vapeur n'a-t-elle pas donné les ailes les plus impétueuses à l'homme pour parcourir son domaine? J'en conviens. Mais à quoi tout cela servira-t-il si quelque grande pensée ne vient manier ces formidables instruments d'activité? L'arsenal des forces matérielles dont l'humanité peut disposer est rempli comme il ne le fut jamais. A quoi bon si on ne sait qu'en faire? si un but digne de nos destinées n'est poursuivi? Ce déploiement immense du pouvoir de l'homme est une responsabilité redoutable. Si la nature n'est vaincue que dans l'intérêt de la vie inférieure de l'homme, cette victoire ne ferait qu'aggraver pour lui une défaite que rien ne compense : la défaite de l'âme immortelle. Multipliez vos chemins de fer, vos télégraphes, fatiguez l'oiseau du ciel à vous suivre dans vos courses effrénées; si votre activité n'est pas une activité féconde, morale, vous aurez chauffé la locomotive qui vous emportera de toute sa foudroyante rapidité sur la voie d'une irrémédiable décadence. Vous avez dans vos mains l'instrument le plus admirable ou le plus fatal — suivant que vous vous déciderez pour l'esprit ou pour la matière.

XVIII.

Ce matérialisme va-t-il s'implanter définitivement, ou bien, avertis par tant de sévères leçons, le rejetterons-nous comme le génie malfaisant qui a énervé et perdu toutes les causes qui l'ont abrité? Voilà la question qui se pose sérieusement aujourd'hui, et l'utilité du moment actuel consiste précisément en ce que cette question est posée de manière à réclamer une prompte réponse. Sans doute les entraînements mauvais vers la débilitation morale sont forts : le niveau des consciences est plus bas que jamais. Malgré tout, ne se trouvera-t-il pas quelques hommes de cœur qui se diront : Nous avons bâti sur le sable, et nous finirions par bâtir sur la boue en continuant à ne penser qu'à la terre et à la vie présente. Nous avons tourné dans un cercle mesquin; nous nous sommes consumés en intrigues et en petites discussions, et nous y avons perdu notre temps, nos forces et... bien autre chose. Les ressorts moraux se sont détendus dans le pays. Le temps des questions de forme est passé. Il faut traiter la question de fond, la question morale. Commençons par la traiter pour nous-mêmes, en cherchant un principe régénérateur, qui relève nos âmes, comme notre courage, et nous rende la foi dans l'avenir.

XIX.

Ce principe régénérateur qui a déjà rajeuni une société vieillie, c'est, nous ne nous lasserons pas de le dire, le christianisme primitif, dégagé de tout joug humain pour mieux dépendre de Dieu seul, christianisme charitable et secourable, dont la main est tendue vers tout ce qui souffre, riche d'espoir, ferme de conviction en face d'un scepticisme presque universel. Il ne peut se réaliser que d'individu à individu, par un retour personnel à Jésus-Christ. Avant d'exercer une influence sociale, il exerce une influence individuelle. Il apaise et il réveille à la fois le cœur qu'il remplit. Dans nos obscures tempêtes, il nous donne l'étoile polaire qui, pour tous les sentiments et tous les actes, guide sûrement et fermement et nous garde des colères stériles comme des lâchetés avilissantes. Son spiritualisme, plein de réalité, peut seul réagir contre le matérialisme envahissant de l'époque. Il est la suprême mais toute-puissante ressources des sociétés qui défaillent et des cœurs usés et agités.

Aussi, tandis que M. Proudhon s'écrie : « Prenez « au lieu de la croix l'emblème maçonnique, le « niveau, l'équerre et l'aplomb, c'est le signe du

« moderne Constantin : *Hoc signo vinces*, » nous disons : Prenez la croix de Jésus-Christ, acceptez son pardon, suivez ses traces. Rejetez tout ce qui n'est pas de lui, et la rebellion impie et la servitude cléricale. Cette croix sera pour vous le signe et la réalité du salut dans tous les sens, et vous sauverez aussi par elle ces vérités sociales qui ne périssent ou ne s'éclipsent que faute de l'appui des idées divines les sanctionnant dans les cœurs.

OUVRAGES DU MÊME AUTEUR

A LA LIBRAIRIE DE MARC DUCLOUX,

RUE TRONCHET, 2.

CONFÉRENCES SUR LE CHRISTIANISME, dans son application aux questions sociales. . . . . . 4 fr. » c.

DU CATHOLICISME EN FRANCE. — Prospérité matérielle. — Décadence morale. . . . . 2 fr. » c.

PARIS. — IMPRIMERIE DE MARC DUCLOUX ET COMPAGNIE,
rue Saint-Benoît, 7. — 1852.

www.ingramcontent.com/pod-product-compliance
Lightning Source LLC
LaVergne TN
LVHW010056230826
846091LV00005B/1961

* 9 7 8 2 0 1 1 7 7 2 4 4 2 *